AF275982

PERMANENCIA DEL TIEMPO

PERMANENCIA DEL TIEMPO

MANUEL APODACA

Valparaíso
EDICIONES

Número 540 de la Colección VALPARAÍSO DE POESÍA
dirigida por FEDERICO DÍAZ-GRANADOS

Diseño de la colección: Chari Nogales
Maquetación: Ciclo Creativo
Imagen de portada: "Meknes. La salida", Manuel Apodaca, 2013

Primera edición: febrero de 2026

© De los poemas: Manuel Apodaca

© Valparaíso Ediciones
C/ Fray Leopoldo, 7 bajo, 18014 Granada
www.valparaisoediciones.es

ISBN: 979-13-88007-21-7
Depósito Legal: GR 231-2026

Impreso en España - *Printed in Spain*
Gráficas Gami

PERMANENCIA DEL TIEMPO

Eternity is in love with the productions of time.
WILLIAM BLAKE, *"Proverbs of Hell"*

El tiempo es poesía del Ser
es poesía de lo momentáneo
de los cuerpos bajo la lluvia
de los árboles y sus sombras
El tiempo es poesía de las distancias
del silencio y su música
del misterio entrevisto en un sueño
el tiempo es poesía de la revelación
que nos dejan las palabras en fuga.

HOMERO ARIDJIS, *"El tiempo es poesía"*

I

TIEMPO ESTELAR

EL SIGNO PRIMORDIAL

It is so tender that you can't touch it without spoiling it.
CHARLES S. PIERCE, I

Un instante
repentino y luminoso
como un golpe seco
sobre la cabeza del rival
descubre posibilidades
para el triunfo o la muerte

Un destello en la conciencia
como un rayo de luz
sobre el manto oscuro del universo

Un sentimiento solitario
Un sentimiento conectado
a otros sentimientos

Así empieza también
la podredumbre del cáncer
a corromper la célula
en sentido inverso
al que genera la vida

Una intuición
que dispara el instante
de ser acto y reflexión en el tiempo

MACHU PICCHU

Las nubes descienden a besar las barbas húmedas
del viejo Inca montaña.
El joven lo admira desde el lado opuesto
de la ciudad de piedra.
Alpacas y vicuñas eternizan los suspiros
de la bruma adormilada que desciende
como el cóndor en su aleteo divino
a encontrarse con el hombre jaguar
en el mundo de los vivos.
Allí se miran uno a otro,
reflejando sus sombras que se alargan
en la noche de la serpiente inframundo,
de donde han de volver
sus ojos purificados.

EL ÚLTIMO SOÑADOR

Hemos empobrecido nuestra experiencia de cruzar umbrales.
El dormir quizás sea el único que nos queda.
WALTER BENJAMIN, *Rites de passage*

Desde el umbral del sueño hasta la vigilia, se mira el
rey dormido. En su sueño, leones le devoran la cabeza.
Despierta sudoroso. El delirio lo envuelve. Se levanta
agitado como un sauce en la rivera, azulado de tanto soñar.
La reina madre lo predijo cuando le reveló los presagios
del oráculo.
"La serpiente de fuego bajará del cielo una noche
estrellada y quemará la tierra".
El soberano chamán quedó convencido de la desgracia
por venir y guardó para sí,
secretamente, la fórmula de obtener la dicha eterna, de
una flor y un brebaje que se hicieron leyenda.
Tuvo que destruir la planta milagrosa cuando supo que
su pueblo entero sería arrasado por el hombre blanco.
El presagio se volvió realidad ¡Arde el Amazonas! Murió
la flor milagrosa. Sobrevivió la leyenda.
Tras el relámpago vuelve la oscuridad. La noche sin luna
se extiende por toda la tierra.
Los herederos ya no son los privilegiados del sueño del
Creador.

NARCISO

Si atraviesa el espejo hierven las aguas que agitan el oído
Si se sienta en su bordo o en su frente el centurión pulsa en su costado
JOSÉ LEZAMA LIMA, *Muerte de Narciso*

Nacido del agua, espejo y temor
por atracción mortal ensimismado.
Tendido sobre la hierba, solo
en el vacío de su belleza.

Luz violeta, luna de abril.
Bajo las hebras eléctricas del agua mira
un infierno al que no quiere despertar.

Sus manos perfuman y acarician
su propia carne desnuda.
Bajan al centro
donde hallan corrientes eléctricas
que logran tensar al muérdago.

Todo es cosmos
bajo la inmensurable
noche lánguida.

El espejo le devuelve su rostro
coronado de estrellas,
pero ninguna tiene
el resplandor de sus ojos.

Piel jaspeada de luna.
Un escalofrío le recuerda
que hay sangre y vida adentro.
Siente dolor por no ser solo sombra
y envidia al otro en el estanque
posando para una fotografía
que dura el instante de una nota
musical y se apaga.

Quiere ser el otro, no éste que sabe
de la vergüenza y de los límites.
Pero es tarde,
el miedo con su aliento predador
resuella muy cerca de su oreja
y lo devuelve al vacío.

TIEMPO DE KAIRÓS PARA JANO

Dos hombres se encuentran a la mitad del mundo,
en un tiempo negado para el bien o el mal.

Uno descubre en la mirada del otro su otra mitad,
su sangre empecinada
su razón demolida en la noche sin límites.

El otro entristece al descubrir
en los ojos de su rival
los mismos de su padre,
sentencieros, amenazantes,
pero capaces de acidular una pregunta,
un dejo de nostalgia por la frescura perdida.

Los dos fugitivos se reconocen
en el cuerpo y el aliento del otro,
como brotes del desierto renacidos
que anhelan ser besados por la brisa.

Los dos elegidos de Kairós
saben que no habrá otro tiempo
ni otra tierra, ni otra historia
que los junte otra vez
y los devuelva a ser el uno que fueron
al principio de los tiempos.

CANTAR DE "LA PINTADA"[1]

No cesa el agua de sedimentar la roca
textura lentamente desflorada
Abanicos al viento las palmeras
altos penachos enhiestos

Acuna el cantil fragancias frescas

Mural de la roca parlante
Danza y regocijo en la ceremonia del encuentro
Eslabones de la cimiente y el diluvio
herederos del chubasco y la caverna

Sobre el retablo la generación perdida
concierta al sol al viento al agua al fuego
Grasa y color batidos en la redoma
dan movimiento al rito
de grabar cada ciclo el estruendo de pasos
perdidos en la memoria y en el sueño

Gigantes rupestres encienden las peñas
con óxido rojo
molido por el canto del arroyo
La magia da color al palimpsesto
El ocre es la llama del sol
petroglifo de los ciclos
círculo cromado

---

[1] Pinturas rupestres de Baja California Sur

El blanco
rayo que delínea el aura

Rescoldo de la sombra el negro
opuesto al rojo vital
dualidad cromática
Erguidos cuerpos rojinegros
orejeras cuernos penachos en punta

Alegórico trotar de los berrendos
repiten los milenios
Salta el venado
cimbra su cuerpo al trepidar la sangre
Expira el animal sacrificado

Criaturas prehistóricas
avesaurios en vuelo
No reposa el cardumen
          ballenas   tortugas
nadan sobre la roca
Residuos de sal fosilizada
          tintura   sedimentos

Más allá de la peña parlante
suena el eco de voces
en profunda lontananza
Quiénes trajeron el ritual
ceremonial pintado
Las sombras rojinegras
interrogan al tiempo

DIÁLOGO ESTELAR
EN EL CIELO DEL ANÁHUAC

HUITZILOPOCHTLI:
Madre, ¡qué alegría encontrarme de nuevo en tu corazón!
He viajado por el mundo de los muertos.
He surcado mil veces de la vertiente al ocaso
Mi rodela de fuego siempre es nutrida por los mortales.
Pero, ¡ah, estoy solo
y una tristeza más grande que el abismo del Mictlán
nubla mi alma!

COATLICUE:
¿A qué has venido, Huitzilopochtli? Nuestra labor es
imparable.
Los elementos que me nutren no pueden dejar de
ofrendar su aliento.
¡Vuelve a tu morada de fuego, cansada estoy de escuchar
lamentos!

HUITZILOPOCHTLI:
Madre, es otro motivo el que me trae.
He visto sobre el inmenso tul del océano venir la amenaza.
En grandes fragatas navegan sepultureros de nuestra
cimiente.
Son otras sus costumbres, distinta su piel y otros sus dioses.
¿Qué será de nosotros cuando el pueblo del Sol perezca
bajo sus armas de fuego?

COATLICUE:
Yo también los he visto. No creas que por ser tan vieja he perdido la agudeza.
Sabes que los avatares del cielo son tan intrincados como el sargazo de los mares.
Está escrito que de Oriente vendrá la destrucción. El momento se acerca.

HUITZILOPOCHTLI:
¡Conmueve tu indulgencia, Madre de guerreros!
Algo tenemos que hacer para evitar la catástrofe.
¿Permitirás que tu esfinge ruede por el suelo
como piedra vulgar lanzada por profanos?
¿Que tus hijos sepultados queden bajo otros templos?

COATLICUE:
Nada temo porque yo soy la que se alimenta de inmundicias.
Olvidada quedaré por mucho tiempo,
reducida a estudios de profanos.
Tal vez más allá de estos oleajes cruentos
vuelvan los hijos de la luz con flores y cantos.

HUITZILOPOCHTLI:
¿Y nosotros, madre? ¿Qué será de nosotros los dioses
cuando no haya sangre en la piedra de los sacrificios?
¿Fuerza es que se esfume el Omeyocan y sus trece cielos?
Tú eres la única que puede salvarnos. Convoca a tus hijos.
Levanta huracanes, marejadas, terremotos
contra los enemigos de tu pueblo.

COATLICUE:
¡Deja ya de proferir sandeces, Huitzilopochtli!
Ninguno de los dioses -ni tú, ni yo- tiene asegurada la
eternidad
Soy tan vieja que he visto nacer y morir dioses
entre los dedos de los hombres.
¿Para qué buscar la eternidad?
Estoy cansada y más valdría para mí perecer
en la garganta-sombra del infinito.
Por encima de mí levantaron tu figura los mortales
y eso te ha vuelto vanidoso y pusilánime.
Eres el último hijo de mi vientre, pero eso no te hace
ningún mérito.
Mejor será que retornes al Omeyocan, expugnes tus
culpas y te entregues
a los designios del creador.

HUITZILOPOCHTLI:
Bien se dice de ti que eres plenitud, creación y muerte.
La que ofrece la vida en su vientre
y disuelve a la vez pasiones y sueños.
Inútil es buscar la bondad entre tus dedos
como inútil es también rogar clemencia.

COATLICUE:
Sí, Huitzilopochtli, la madre se queda sola, envejecida y sola.
Me ocultaré en mí misma, en lo hondo de mis cavidades
subterráneas,
para no presenciar el desgarramiento de mi falda de
serpientes
tras el imperio humano de la ambición y la ignorancia.

HUITZILOPOCHTLI:
¡Ah, Coatlicue, bien se ve que eres presa del dolor!
Triste es que, siendo dioses, perezca nuestra gloria en
archivos de niebla.
Si a nosotros fue dada la adoración,
¿no es nuestro oficio más grande y noble que las
pasiones humanas?

COATLICUE:
Ridículas criaturas seríamos de no comprenderlo.
En verdad te digo,
aunque los dioses poseen voluntad propia, las pasiones
humanas les moldean el espíritu.
¡Ay de aquellos endebles como tú, que se dejan llevar
por el remolino de la idolatría!
Nuestra inmanencia a lo sublime está por encima de la fatuidad,
porque la grandeza no requiere explicaciones. Solo es.

HUITZILOPOCHTLI:
Entonces, ¿por qué te dueles? ¿Por qué prefieres
ocultarte en ti misma y permitir que los humanos
destruyan tu cuello tornasol, tu lengua de agua?

COATLICUE:
Todas las criaturas que pueblan este mundo son mis criaturas.
Así como tú me increpas a darte respuesta, la soberbia
humana ha pretendido equipararse con los dioses.
Es menester que comprendan, pero han de pasar
milenios y desastres para que eso suceda.
Los humanos solo aprenden tras la postrera reflexión de
la desgracia.

Nosotros nada necesitamos comprender.
Mírate en mí. Doy vida igual que muerte.
No me excluyo de los hechos,
registro en los pliegues de mi cuerpo los hechos.
Tanto se ha hablado de mí ¡Estoy harta!
Ahora vete Huitzilopochtli. Comprenderás que nuestra
esencia está más allá de toda interpretación, de toda
explicación, de toda sabiduría.
Refocílate en tu danza hasta la última aurora.
Agraciado eres con tu rodela de fuego,
y no temas por la madre esencial.

COATLICUE (Se aleja cantando):
Perfumes doy a mis jardines.
Caras tormentosas modelo en las nubes.
Cantos y gruñidos me despiertan al alba.
Color, intensidad, pasión y sepulcro,
son mi morada.

CANCIÓN DE LA PITAYA

La pitaya es redonda
roja o blanca
pulpa que sabe a lengua
de muchacha
Pájaros pican la pitaya
granate dulce
fibra morada
Corazón danzante
en tierra de sol calcinada

Tallo erecto
viejo fantasma
cubierto de espinas
alambradas
Solitario vigía
de su patria

Yoremes sensibles
de los llanos
aman su pulpa blanda
su tallo verde
agresivo
paliativo sedante
agua salada

María vende pitayas
las rojas de sangre
las blancas de agua

Sonrisa inocente
ofrece al paseante
su fruta clara
De casa en plaza
vende la sangre
del desierto
en una canasta

Avanza la tarde
horizonte naranja
Refresca la brisa
y más allá de la playa
vigila y madura
sus frutos la pitaya

II
CRÓNICA PRIMA

BALVANERA

Leche de las malvas que crecen en los barrancos,
mi abuela,
sabía contar historias en secuencias nocturnas
bajo las estrellas,
sabía cuajar la leche para el queso
mejor que nadie,
sabía poner emplastos para las reumas,
ahuyentar los mosquitos con boñiga quemada,
preparar el cocido, la machaca, la tortilla de harina.
La amaban los jazmines, las flores de nube, los naranjos.
Su andar a ciegas, desde niña
acostumbrada a obedecer y al trabajo,
le valió esa cojera que la llevaría a la tumba.
Tuvo doce hijos y un solo marido
que la dejó viuda cuando su sangre aún era ardiente.
Ancha y firme, vestida siempre de luto.
Su rostro pálido como el pan sin hornear,
expuesto al sol. Ganando volumen
sus piernas vestales.
Subido el azul de sus venas
como arañas tejiendo su muerte.

TOMATES

A Don Teodosio, patriarca del clan

El verano se aleja -y con él- la oportunidad de comer más tomates frescos.

Es increíble el vuelo que ha alcanzado esa fruta jugosa y seductora, en la que poetas y viajeros encuentran placeres sublimes. El mundo entero le ha rendido honores desde que el México antiguo le otorgó ese regalo asombroso.

Lamento con tristeza que la ingeniería genética haya echado a perder su alebrestado aroma en muchas variedades que hoy se cultivan y venden en el mercado. Nada más decepcionante que un tomate sin olor ni sabor. Es como hacer sexo virtual. El placer se desvía y nulifica, pierde su esencia.

A mi bisabuelo le encantaban los tomates gordos y rojos. Decía que su olor voluptuoso lo envolvía por completo. Aún lo recuerdo aspirar profundamente su aroma, los ojos cerrados, como evocando quién sabe cuántas memorias veraniegas de su infancia.

Al llegar a casa lo primero que pedía era un vaso de agua y un tomate. Mi madre le extendía el más rojo y grande de su cosecha. El viejo se regodeaba al mirar el brillo tornasol y lo llevaba a sus labios con dulzura, regalándole sus blancos bigotes con caricia de mancebo atemperado.

Aun lo veo, sentado, su cuerpo vetusto y corpulento, su sombrero de diario, antes un blanco Panamá, ahora manchado por el sudor, el polvo y los varejonazos del ramal tras el ganado; la mirada hechizada, atisbando hacia el arroyo. Decidido, sacaba del bolsillo de su pantalón una navaja metálica, filosa y puntiaguda, tan vieja como sus manos. Entonces empezaba a rebanar suavemente la roja pulpa, que se entregaba sin remedio a sus fauces antiguas y sedientas.

SOBRE LA TUMBA DEL ÁNIMA SOLA

El viento arrastra cuentos con olor a moho. Llegan los recuerdos sacando lumbre, como potros gallardos, listos para el juego de argollas.

En el cementerio del pueblo, circundado por una trinchera de piedra hecha con las ruinas de la hacienda, sobre la vieja tumba del ánima sola, mis muertos, mis abuelos, mi sobrina de tres años, jugaban en la canícula, entre remolinos de polvo y hojas secas.

Volví la mirada y vi sobre la lápida a un niño vestido con pantalón de tirantes y huaraches de cuero. Montaba un caballito de madera con cabeza blanca. Entre la leche y el humo, tras la premura del queso fresco y las cubetas de agua, las tías, afanosas, derramaban temores y consejos sobre su tierna inocencia. Destellos arcoíris del mármol revelaban ojos ancestrales, anegados con la dicha de medir gradualmente la transición de la luz al posarse en cada piedra, en cada lápida, en cada tronco rugoso de mezquite, mirándose mirar sin ser mirados, en aquel páramo ensombrecido de atardecer, mientras el hierro de las cruces labradas devoraba sombras.

Ante el vidrio de una urna con Cristo dorado, la tía Rafayla, transparencia en sus dedos de agua, trenzaba sus largos cabellos blancos. Con los últimos rayos del sol, el abuelo volvió a ver el rojo nacarado de su sangre sobre la reja oxidada y se cimbró otra vez, como sintiendo el impacto de los tiros que le dieron muerte. La escena del crimen durante aquel baile un día de San Juan, se dibujó en su mirada, justo en medio de las hieleras de cerveza y la tambora, borracho, perdido de orgullo.

Su bisnieta de tres años, vestida de encaje, lo tomó de la mano para alejarlo de aquella visión funesta. Ambos volaron sobre las tumbas, más diáfanos que el fresco de la noche. Luego descendieron y se sentaron nuevamente sobre la tumba del Ánima sola. Ella se acomodó entre las piernas de su bisabuelo y, mientras se alisaba el vestido, le dijo: "Cuéntame un cuento que dure hasta que amanezca".

Allí, la felicidad era solo un recuerdo reviviendo historias perdidas, paisajes inviolados en su no-existir sin prisa, diseñando su ausencia. Hubiese querido quedarme para siempre, pero tuve que partir bajo una lluvia de estrellas derramando augurios sin tiempo.

HABLA EL ÁNIMA SOLA

Soy la soledad que circunda el cementerio
Soy nadie, fui nadie, seré nadie
Soy el día sin visitantes que se quedaron dormidos
de tanto añorar
la lágrima ingrávida
el sueño aterido
Dios hizo de mí una tumba sin dueño
la del delirio de todos los que vivieron el bullicio
la sombra el refugio el click la nada

VACAS CELESTES

Amadas desde siempre
soberbias sin prisa
avanzan orondas
por los corrales
ostentando
sus ubres nutricias
sus tetas hinchadas
clamando por los dedos
amaestrados
de las ordeñadoras
y las cubetas de cinc

El olor a estiércol
a paja seca
a leche untada
en las palmas de las manos
me transporta a un tiempo
lejano y edénico

Hoy vuelvo a buscarlas en lo alto
de la noche estrellada
donde decían mis ancestros
que se iban las vacas
al morir

HUMO DE LOS MUERTOS

A mi padre, in memoriam'

Desmesura trascendente
el amor de los muertos

Energías dispersas
se condensan de nuevo
Es su paz nuestro consuelo

Toda la suerte pende de su olvido

Apuramos la llama vital
anhelando volver
a la sombra uterina del silencio

En sueño apacible fenece el alma

Auras angélicas nos tientan
Vienen a dejarnos
una caricia un beso

Desde su mundo
imaginan el nuestro

LUZ SATURNINA

A mis hermanos de luz y sangre

Desangrada la noche te fuiste
Eras la rosa deshojándose
      bajo un cielo raso y blanco sin nubes
tu mirada perdida en su esplendor

Sombra revuelta en que mirabas
      con miedo el porvenir
Mi alma se quebró sin darme cuenta
            ni atar cabos a distancia
      sin saber que la muerte
con su espada relámpago
nos arrojaba a una súbita separación
más dolorosa que todos los partos
      que tuviste

Somos carne de tu cuerpo luz de tu espíritu
Vives en la canción que te dio nombre
y aun los astros compiten con tu hermosura

Ancestral amorosa
      reencarnas con la brisa
como un halo protector
      sobre tus vástagos
Tierna y sencilla sierva del sol
      Sonrisa desgranada
      como agua transparente

Vivo extrañando tus ojos

                             cajitas de sorpresas y regalos

Me pierdo en el sopor que me disuelve

en la Luz Saturnina de tu ausencia

           y solo me salva

soñar tu risa tu pelo tu espalda

           y recordar tu voz

              como gorjeo de palomas

que me devuelve la paz al alba

ABRACADABRA

Crearé mientras hablo.

En un pueblo olvidado al sur del desierto de Sonora, mi bisabuela, judía conversa y cristiana renegada, amasaba el trigo para el pan de mujer. "Tía Güera", la llamaban con respeto y miedo los lugareños.

Bajo la luz cegadora del sol, aparece toda cubierta como una siria inmigrante fustigada por el patriarcado, a mitad de la cocina y el lavadero.

Su furia interior era indomable, pero aprendió a negociar con las dificultades.

Le arrancaron la otra fe lentamente y le tamizaron el cerebro con nuevas memorias, mientras las otras se fueron olvidando, perdiendo su origen.

De su voz quedó el eco en las palabras y el acento, quebrazón de altibajos al hablar, mezclando arcaísmos con historias híbridas y nuevas mitologías.

Una tarde imborrable, la ira se dibujó en su rostro sefardita. "¡Limpia el gallinero, muchacha!", le gritó la tía abuela a la niña de ocho años, quien la miró atónita.

La chica, estupefacta, apenas se recuperó, jaló aire y contestó con firmeza: "¡No quiero!"

Al ver la furia en los ojos de la tía grande, la pequeña salió en estampida.

La Tía Güera, quien todavía podía correr como lo hacía tras las cabras, persiguió a la chica por el patio arenoso y firme hasta que la alcanzó y, con una vara gruesa de escoba, la castigó a palos. Así era ella, enérgica y autoritaria con los niños, cuñadas y subalternos de la familia, que eran más de cincuenta.

Prolífica sombra de la tarde,
te quedas en el telón oscuro de los sueños
en un tiempo donde nada se mueve
excepto tu vara horrenda
que se quiebra en silencio.

III

GUERRA DEL TIEMPO SENSORIAL

GIRASOLES

Un ejército de girasoles me saluda
       cuando arribo a su patria de vaho
           y follaje alebrestado

Como el sol y la vida
       apuntan al poniente
Astros que la tierra
       con su alquimia de hierro
           y fuego nos regala

Giran
       como el sol y los montes
       vida espiral

Duermen
       cuando la sombra se alarga
       en la llanura

Sueñas las flores
       un alba amarilla

COSTA CHICA

Vaho a la deriva
Agua caliente
Río y arena el sol
busca reflejos

Retorna el verano
fatigado y palpitante
Su lengua animal
descubre otras voces

La brisa refracta la luz
despierta a los altos
penachos del palmar
y encarna en las risas
de los niños
jornadas azules
de danza y juego

El brillo se prolonga
en la dentadura
de las costeñas
fresca maracuyá
de agua y cristal

El calor ha tostado
las piernas los torsos
de cuerpos ardientes
Ha guardado en la piel

suavidad y secretos
del canto y la danza

Alado taciturno
el día derrama
sudor de pradera
Goterones de lluvia
Estallan las nubes
La sabana entera
es agua y luz

El calor de mayo
despierta el canto
de las cigarras
y en coro se entregan
a un rito
milenario y sexual

EL BESO DEL AGUA

Bajo la atmósfera vernal
el cuerpo se filtra y purifica
en la terma hidrante que brota
de cálida raíz
Remedio contra las horas muertas

El ser completo nace otra vez de la placenta
y resurge a la luz
por la gracia de los giros antiguos del agua
corriendo entre las piedras

Murmullos ardientes
borbotea el agua bajo las piernas
Cierro los ojos
Me alegra pensar que su fe en la vida
es ancha y fuerte como una lavandera
lavando la mugre del mundo

NEW BLUES SANGRE DE GRIOT

Tap…tap tap, paisaje eléctrico.
Fondo musical de tambor y marímbula
Ecos de ayer resumen un presente de asombros.
Oigo al viento y al agua colarse por los fotutos,
atento al afán de refrescar la memoria
en sus ondas rítmicas.
Privilegio del oído, majestad de la música.
Un síncope de acompasados transeúntes
asoma con paso de arañas endulzando la tarde.

El camino empaña la vista
y los agujeros del cielo se alargan en la noche
iluminada por fogatas tempestuosas.
Vuelve el tambor a ser el mar de Kalunga,
los címbalos adoran al Nsambi Pungo.
Danzan sombras en la sabana al anochecer.

Un ave aletea rompiendo el murmullo opaco del bosque,
monorrimo aletargado en el vientre del ritual.
Senderos multiformes, intangibles,
sostienen comunión de amor a la destreza
por ser gracia del espíritu.

Voces vibrantes hacen que el Eterno olvide
su desolación.
Coro acompasado de llamada y respuesta.
Manos callosas baten tambores con placer y furor
y el cuerno oboe desliza su melódico fluir.
Cantos al sol, a la tierra, a la noche.
¡Danza eléctrica! Adónde va la lluvia va el viento.

Salen los *ngangas* a apaciguar espíritus insurrectos.
A veces, el abandono de sus cultos
despierta la ira de dioses olvidados,
un augurio, un presentimiento,
o una revelación entre las sombras.

El cielo retumba en erupción de rayos y truenos
desde los bosques del África Central hasta el Caribe.
Más allá, Sudáfrica me desgarra los sentidos
El Apartheid no pasará de nuevo con su inicua sombra.
Su odio racial es ignorancia de origen, o capital conveniencia.
Los átomos no tienen sexo,
las células son autorreproducibles.
La música libera y el intenso verano nos transmuta
en Naturaleza creadora y viva.

No cesa el címbalo,
se desangra en lluvia de armonías vibratorias
sobre lotos, nenúfares y silentes obeliscos por la henchida
laguna.
Agradecidos esparcen su olor a humedad, a vida cierta.
Escucho esa gala ondulante de sonidos
y vivo la fortuna de compartir sus álveos flujos.

Al-Qaeda tuvo el atrevimiento de prohibir la música en Tombuctú.
Ignoraban que del ala cortada surgirían pegasos, brotando por la pradera en ecológicos *griots*.
Vuelca tu cadencia música vital, quimera deslumbrada en fabuloso laberinto.

AMBIGÜEDAD DE LA FUGA

Ambiguity supposes eventual resolution
of itself whereas certitude implies further ambiguity
JOHN ASHBERY

Sentir el ciclo sempiterno de las estaciones,
el viento fresco de la tarde sobre el torso desnudo.

Un soplo de amor arroja el oleaje de los años.

Granos de arena acumula el desierto.
Calavera de vaca blanqueada por el sol
      y en el cielo azul,
          las flores-estrellas de Georgia O'Keefe.

Supongo que todo esto es ambiguo
más que una imagen absoluta.
Si el trazo inseguro se convirtió en obra maestra
y la palabra balbuceada adquirió significado.
Las nuevas interrogantes,
el complemento que faltaba en el acertijo,
      los has puesto tú al concluir:
          ¡Ah, era eso!

Surgirán nuevas formas como flores
      vitales, sexuadas,
        en el pincel y la palabra,
en la foto acrobática, espontánea y digital
que has de encontrar casualmente, camino
      a tu vivienda,

en la noche iluminada de luciérnagas en celo
      alentadas por el vaho del verano,
en el vuelo tornasol de un colibrí pecho púrpura,
en las petunias perfumadas, hueco vaginal
      centro del aroma,
en las voces que se fugan con susurros que buscan
      atenuar la angustia.
en todo lo que tu Ser, consciente o aletargado
      sepa llenar esos espacios ambiguos,
      que aquí quedan,
      entre líneas.

PERSPECTIVAS ESPECULARES

A Walter Benjamin

La mutua mirada de los amantes abre perspectivas al infinito.
Multidimensionales energías.
Profundo sentido de identidad con Otro distinto,
de quién eres reflejo y pertenencia.

La tercera, cuarta y subsecuente reflexión
de la imagen original
en dos espejos enfrentados,
mirándose unas a otras.
Miríadas repetidas
perdiéndose en colores, luces y sombras.

La imagen, como la célula, se duplica y multiplica.
Nuestros sentidos y extensiones artificiales
no alcanzan a precisar más allá de relativas distancias

Como herida por un sátiro en su rito vehemente
-consagrada a la inteligencia, a la imaginación
y a la creación-, la palabra se crispa.

La mentira nubla la mirada,
"Truco favorito de Satán"
que hace de la imagen
una apariencia.

HOJA DESPRENDIDA

Lento masticar.
Ella se vuelve una con tu saliva.
Sabor milenario. Secreto callado
en las alturas andinas del Cuzco.
Verde jade en los dientes y en la sangre.

Una voz antiquísima te pide callar,
te pide mirar,
solo las flores estátiles
que saludan al ciclo de los días
bajo los nimbos resplandecientes
flotando sobre el ombligo del azul.

Reencuentro con la tierra,
volver a su ancestral misticismo
¡Aúlla la Pachamama!
Clama ofrendas que nadie quiere ofrecer,
como limpiarle la cola, costras
de su costado sangrante,
de su vientre de agua podrida.

Al borde del precipicio, eres
una hoja
                    desprendida.

EN LAS ALAS FRÁGILES DEL DÍA

You can't stop what has begun
Signed, sealed, they deliver oblivion
We all have a dark side, to say the least
And dealing in death is the nature of the beast
PINK FLOYD, *"The Dogs of War"*

Quien vive una vez no volverá a vivir,
excepto en la voz y en el ojo interior
de otros al recordarte
en cada concha de tu marisma,
pero no estarás para verlos
ni podrás sentir el ego
regurgitando tu soberbia.
Jamás podrás tener el deleite de otra piel.
No cantarás al ritmo de las ondas del mar.
No sentirás en tu palma
la tibieza de un canario.
No volverás a contemplar el arcoíris,
prismático incendio de agua y luz.
No,
jamás en las alas frágiles del día.

IV

PERMANENCIA
DEL AMOR SIN TIEMPO

LIBÉLULA EN CELO

Bajo la vulva
constelada y fecunda
del universo
cobijada por el cáliz
de un lirio rosado
calidez de limbo
libélula en celo

AGIABAMPO BEACH

De aquellos días cuando mirábamos el mar frío y gris,
invadido por gaviotas voraces
y algas que se enredaban en los pies.
Los pescadores recogían almejas negras
y subían a sus lanchas de motores
violando el silencio
tras una estela de espuma dibujada en el agua.

Días en que nuestros cuerpos ansiosos
buscaban tesoros ocultos bajo la ropa
y la lujuria derrumbaba puritanismos
arraigados en la superficie de los rezos.

De entonces, del arañazo adolescente
por siempre insatisfecho y montaraz,
se yergue una niña pelirroja y alta
como los mangles en invierno,
pidiéndome a besos que dibuje con mis dedos
los arcos de su templo estrellado de pecas
y pequeñas arrugas como la risa.

Yo me quemaba en sus dientes forjados,
barrera tintineante y blanca
y en su boca, frambuesa húmeda,
convertida en el ojo del huracán.
Hubiese querido quedarme allí
y ser un guijarro más
disolviéndome en la arena,

bebiendo la suavidad de sus pechos angélicos
que superaban la estatura
de su inocencia y mi aturdimiento.

Los pescadores volvieron después de la jornada.
En sus chinchorros temblaban peces plateados.
Huyeron los cangrejos,
después de tímidas exploraciones,
a sus huecos rizomáticos bajo las dunas
bruñidas con polvo dorado del ocaso,
donde una espiga pelirroja y larga
se desgrana en mi memoria.

PREMURA LUJURIA DE LAS AVES

Una pareja de azules migratorios
vino a visitarnos
La mano que los alimenta
no es ajena
al ciclo transitorio
de su largo vuelo amoroso

ROMANZA DEL AMOR APACIBLE

Me levantas como un cedro al amanecer
y el taconeo de tus pasos
ágiles, nerviosos, sacuden mis ramas,
despiertan a la ardilla equilibrista
que hizo nido en el maple
y ahora se debate entre dar un salto mortal
o seguir soñando.

Me alimentas,
me pones curaciones y emplastes
que alivian las heridas del día.
Luego me cuentas tus hallazgos que son tantos
y encantadores como una biblioteca.
Dios sabe que andas por los caminos
alimentando pájaros silvestres
y perros vagabundos.
No hay razón para el miedo,
si la luna ha enrojecido o se derramó la sal,
si no me di cuenta,
por los nidos en la cabeza,
que se atrasaron los relojes
y las hojas del día
deshidratadas cuelgan.

Sí, hay días de soledad y silencio,
de andar corriendo con la tinta al hombro
como un camello misionero.
Pero hay días también, los más,

los que adoran mi voz decir queriendo
te vivo agradecido.

Amorosos, sedentarios,
armamos una balsa con el mimbre de los sueños.
Las ideas, como pájaros peregrinos de primavera
no nos dejarán dormir de nuevo,
más allá de la muerte seguirán cantando
sobre el polvo de nuestras tumbas.

AZUL DE TALAVERA

Cada paso, un beso sin peso.
Cada beso, una estrella errante
GERARDO DIEGO

Azul de talavera
Cobalto en mis manos
y en mis sienes
soñando llegas

Trinidad tripartita
nuestros cuerpos
tridentinos

La luna espejeante
descubre
savia silverada

Noche de enero
Estrellas fugaces
bajo la arcada azul
de porcelana
Animados por ángeles
danzando en la oscuridad

SENDEROS AUSENTES

Soy hijo del camino, caravana es mi patria
y mi vida la más inesperada travesía
AMÍN MAALOUF

Al borde del alba ángelus roto,
besos ahogados claman a la vida,
fruto y gracia de amor compartida.
Saber es callarse, antes que todo
se pierda en el perfil de los aleros
turbios de noches lentas y profanas,
haciendo de tu cielo y tu garganta,
amigo mío, senderos ausentes.
Solo queda dejar un testimonio
lunático y arrítmico en sordina,
donde fluyen mis horas anodinas,
la tarde y un tequila del demonio.

Me alejaré de todo con pesares
que brotan de la fiebre y sus temblores,
daré al amor canción de mis amores
mi andar por los caminos insulares
donde sufre el fantasma del destino,
caravana que nunca llegó a casa.
Sabio es andar cargando tu mortaja.
Travesía sin rumbo es el camino.
Como andantes que no miden los límites
asombrados por la bóveda estrellada
nos miramos tú y yo bajo esta sábana
tendidos en la noche del origen.

LIBERACIÓN

El navío cortaba con su quilla
las aguas orladas de sangre,
bajo el cielo escarlata del Mar de California.
Como el conquistador de un suelo
arrebatado a los deseos,
pensé otra vez en los delirios
de Nuño de Guzmán,
infatuado con tanta pureza
robada al mar y al desierto.

La búsqueda interior fustigaba mi sangre
y las marcas de su ira feliz
me horadaban el cuerpo.
El tiempo huyó como el alba sobre los cabellos
aún tiernos de esplendor.
No hubo instante para pensar.
La pasión, siempre corta y dichosa
solo adora el presente.

Pusimos altares y ofrendas de humo,
de vino y de sangre.
Entramos desnudos al sueño azurimar
de vírgenes bahías.
El verano fragante y efímero
evaporó nuestros cuerpos
en el desierto
y renacimos de nuevo entre cañadas
de palmeras enanas.

Ahí nuestros pies lacerados
encontraron alivio.

¿Amor, deber, ganancia, pérdida?
Solo comunión
liberada por la renuncia.

V

MEDITACIONES A DESTIEMPO

SANTIAGO EL MAYOR

Mirando la imagen alargada del Santiago Peregrino pintada por El Greco en Toledo, un escalofrío andariego fustiga mis vértebras. Me atrae su mirada beatífica y leal de siervo incansable de las huestes divinas, ataviado con el rojo terciopelo de su túnica plúmbea que baja hasta los pies. El gesto de sus labios a punto de proferir una salmodia interpela silencio a quien le mira. Mi vista recorre del báculo a la roca su mano de profeta cabalgando cerros y bosques, desde Galicia hasta América, donde otrora los negros dulces de la Colonia le llamaron Ogún y le adoraron igualmente clamando por la justicia enarbolada en su frente.

"Santiago Matamoros", lo llamaron también los de la guardia custodia de la simiente arquetípica. El pobre Santiago no es culpable de haberse convertido en bandera, en orden nobiliaria y orgullo tribal.

En Compostela, una escultura del Medioevo representa al arcaico profeta portando su báculo y su mitra como un rey de Persia. Su espíritu emana de la piedra y vuela por la amplitud de la nave central hasta perderse por los túneles y catacumbas, donde reina desde entonces, más allá de cualquier interpretación maniquea de su historia.

EL FANTASMA DE
LA MEZQUITA DE CÓRDOBA

A la memoria
de Don Luis de Góngora

Como suelen los embates de las olas truncar la fortuna de las naves allende el océano,
tu canto de caracol marino en bocas primitivas ha caído en olvido. Pero tu nombre prolonga el tiempo y dorado se despliega junto a tu imagen y tus restos en la Mezquita de Córdoba.

Quién lo dijera, allí reposan tus cenizas al lado del Mihrab, que cautiva con su aura de pavorreal bizantino. Pienso en tu fantasma rondando por los arcos y cúpulas mudéjares cuando bajan las sombras y los turistas se han ido. En su aura dorada y verdinegra se extasía, se baña en la fe que ya no es más de los infieles, ni de la Bética pragmática de Julio César, ni en la fe de los godos y sus restos resquebrajados a los pies de los arcos moros, sino en una simple y única fe, unificando a la Torá, el Corán, los Evangelios, en un instante de beatitud barroca perpetuado en tu aliento de poeta cordobés, maestro del ingenio y el contraste.

CARTA A UN POETA SEVILLANO

A Ricardo Naise

Te escribo para cerciorarme de que nuestras voces
no se han perdido en la entretela del olvido y los hilos
cibernéticos, más allá del gancho comercial y el deseo
trotamundos. Te escribo porque sigues latente a pesar de
la fatiga y el tedio, porque vives y sobrevives a los embates
del día, como un pájaro en delirio, mirando a los gatos
desde lo alto de los cables eléctricos, arrebolado entre
la seducción de la entrega y el miedo a perderte en sus
fauces metálicas.
Estoy seguro de que resistirás mientras vivas,
mientras la sangre de tu ciudad no deje de mezclarse con
el canto del río que te lava los pies y se demora en su cauce
fecundo hasta el mar y, aún más allá, va esparciendo su
risa y su cieno al océano y las riberas de América.
No morirás, si el canto de tu voz sigue latiendo en mis
venas de lector y de testigo
de tu vida cultivada para nadie y para todos, sin cielo y
sin fortuna,
en la plenitud de tu espíritu noble
de gorrión en vuelo.

II
Miro tu recuerdo en el vacío
y un aire errante de místico descubro en tu rostro.
En tus manos de acuarela diluida por la tarde, una gata
curiosa observa el día.
El contraste de sus ojos vivaces con los tuyos, de olivo

adormecido por el sol del Mediterráneo es de un patetismo sordo, rival de la aurora de tus días de gloria.

Sales a los patios y callejones de tu ciudad milenaria, llena de palomas, a contar al viajero cada milímetro de su arcada señorial, su historia empalizada, poblada de blasones y hornacinas, destejiendo su vuelo y devoción en los retablos barrocos y en su lento peregrinar de madona alabada y bendecida.

Te quedas a la mitad del gentío efervescente que pisotea jardines y plazas y saca fotografías digitales de cada hoja muerta que otea ante sus cámaras.

No volverán las caricias insondables de la Virgen, protectora de marinos y viajeros,
ni la antigua Giralda revelará sus secretos cuando falte tu voz.

Quédate ahí como el viento que transita por callejones y plazas entre libros antiguos y estatuas polvorientas, el mismo viento que despeina las tumbas y levanta los ropones de los santos.

Quédate ahí como el calor de julio, seco y dolorido, con la luz meridional de los inmortales,
para descifrar una y otra vez la historia sin fin de tu ciudad y nuestras vidas,
que se irán con el río, sin marcha atrás, hacia la muerte.

EL DESCIFRADOR DE ENIGMAS

Alan Turing tenía cuarenta y dos años, una mente prodigiosa y un alma sensible como las alondras que buscan refugio en las arboledas de Maida Vale, junto al Gran Canal de Westminster.

Antes de suicidarse por morder una manzana envenenada con cianuro, pensaba en Blancanieves y la bruja malvada. ¿Cuántos tipos de veneno pueden ser encontrados en la naturaleza? Los más letales, los más anodinos, meditaba. Se preguntaba con sincero afán científico, qué secreto código matemático existe en las células de cada ser vivo para seleccionar sin error la parte correcta, el órgano exacto que habría de constituir la forma, el color, la función y la sustancia que a cada cuál es inmanente y distingue. Sabía que las células que forman los pétalos de una flor son distintas a las que forman las hojas de la planta, del mismo modo que las rayas de una cebra, unas blancas, otras negras, proceden de células diferentes.

Genialmente pudo descodificar el secreto del Enigma de los nazis, que dio el triunfo a los aliados en la Segunda Guerra Mundial. Inventar un sistema de cómputo algorítmico y crear la primera computadora en Manchester no fueron un sueño. La revolución cibernética y la inteligencia artificial habían comenzado.

Acusado de indecencia sexual, sufrió la condena jurídica de ingerir estrógenos químicos que acabaron con sus testículos. Castración química. El ultraje contra Wilde se repitió por segunda vez.

Me pregunto si una disculpa oficial de la reina fue suficiente.
Nada pudo aliviar su desencanto del sistema moral y de sus leyes. Vasallo del honor. Orgullo de la ciencia.

A UNA FOTOGRAFÍA DE MARTÍN CHAMBI

El órgano melódico en tus manos de quechua
revive una danza de garzas y madreselvas
en la pared.
Tus pies descalzos, concentrados
marcan el tempo
del barroco indígena.

HONOR AL SILENCIO

El silencio es la fuente de la poesía
Como en todo los opuestos
(poesía y silencio)
hay entre ellos un secreto
amoroso y fecundo

La poesía es sonido   cadencia
flamboyán ardiente   destello

El silencio es el grado cero del sonido

La oscuridad profunda en el cerebro
apaga las notas rítmicas del mundo

El silencio es la muerte fecunda
el origen de la música
resurrección de las flores del canto

Hay que callar para empezar de nuevo

VI

SALVES DE OTOÑO

MÁS ALLÁ DE LA DIÁSPORA

Sabrán de tus sueños
las hojas que te vieron
doblando sus páginas verdes.
Sabrá la voz
que contó la historia de la nube
que se formó mil veces
y lavó con lluvia tu cuerpo trajinante
dejándote el alma clara y azul.
¿Adónde fueron los pasos que diste hacia la tumba,
oscurecida el aura de sus terrones frescos?

¿Dónde pararon los silbos de antiguas elegías
cantando en susurros,
muriendo en la tormenta?
¿A qué hora apagaron su brillo
las flores y los bosques?

El mar convirtió los clamores del fango
en limo silencioso.
En otras galaxias dirán un día
que la vida en la Tierra
tuvo sentido.

REMOS PARA UNA BALSA

A Juan Carlos Galeano

Sobre la tarde
los rayos dorados matizan la grama.
Brillo violeta de clemátides
estrellas caídas en verano.

La flor es la materia,
la estrella es el concepto.
La flor no perdura
sin la metáfora.

El mundo y sus revueltas
saben del canto
original del viento.

Con voces eléctricas,
robotofónicas,
se distorsiona el canto
de la ballena y el pájaro,
de las olas
y el polvo cósmico.

Pido a los dioses
que mis brazos sean remos
para una balsa
de sonoras palabras
sin tiempo.

SUEÑO que escribo poemas y los pierdo
Sin duda esos ligeros crótalos
irán extraviados a una galería cósmica
sin tiempo
Versos nacidos como sueños
para ser solo germen
de otros sueños
creciendo más allá de mis párpados

El fondo del silencio es impreciso

EL DESEO es una llave sin cerradura
una flecha sin blanco
un despertar al vacío.

FUGA

La hoja desprendida
no resiste al remolino
no sufre
no se esfuerza
se convierte en él

EL HIELO DE LA TRANSICIÓN

es quebradizo y traicionero
Vigila tu sombra

ALEPH

Negra vía cósmica separa
su inmensurable magnitud
de mi azarosa existencia

Impulso
Aliento
Signo del día
que comienza

Educar con sabiduría
entregado a la tierra
y al cielo
en un abrazo
callado y sereno

COPO DE NIEVE

Una noche quieta y profunda
cayó sin ruido un copo de nieve
Floreció en la quietud del principio
para dar significado a la existencia
de su identidad primera
el Nombre.

MI CENTRO

es mi tiempo
no mira atrás o adelante
está ahora y siempre
abierto a la existencia
continuo y tangible
vivo en sí mismo

PERMANENCIA FUGAZ

Bendice todo lo creado
el día de descanso y el placer
la obra surgió y es perfecta
Celos inflama su pureza
Su majestad
armonía
sinergética
Belleza total
poesía
Goza el instante
del todo presente

POÉTICA DEL TIEMPO

Brotan versos refractados por el prisma del día
sin tiempo pasado o por venir
como alas de insectos desprendidas en el vuelo
resueltos a ser polvo sideral

VII

SINERGIA DE LAS VOCES QUE PASAN

A LAS PUERTAS DE LA IRA

Llevo la puerta al hombro
y en mi pecho tatuada
la llave que la abre.
¿Qué puerta me ha elegido?
Esta que se abrió hace tiempo
no conduce a la gloria,
solo me devuelve
a un limbo de cúmulos concéntricos.
El viento me escupe en la cara
mi andar errante por alambres tensos,
mi rabia, ante la humanidad enferma.

Afuera gritan supremacistas blancos
agitando banderas neonazis, confederadas.
Sus gritos de odio dislocan la armonía.
Los pájaros que empollan en la plaza
huyeron al ver sus antorchas,
sus armas en vilo, sus blancas cónicas cofias
criminando al rocío. Charlottesville
Virginia
      12 de agosto
          2017
La avalancha impotente irrumpe violenta
con fuerza y terror.
Cuerpos martirizados lavan la afrenta
de los que no hacemos nada.

Desde su pódium, el líder concilia mentiras.
Horas de duelo rugosas y amargas.
Hélice baldía, plañir de temores.

¿Qué puertas de mazmorras y letrinas
eligieron a esos hombres?
Puertas delirantes de histeria y poder.

Otras puertas eligen el canto desmedido.
Canto peregrino, polvo en los zapatos.
paisaje y leyenda les ha abierto el camino.

El canto sube hasta el cielo
y se confunde con el viento.

MATRILUNAR

Matrilunar, femenino, hoy
un nuevo ciclo empieza.
Huelen a tierra, a almizcle y agua.
Mujeres manantial,
pecho nutricio infinito.
Cuando una mujer sabe a agua
es más ligera su carne,
su eléctrico pelo es antena
y su lengua, pura humedad
en la cueva deleitable de su boca.
Hay mujeres delgadas, rollizas, bajas, huesudas,
altas, provocadoras.
Todas inspiran un sueño al amanecer,
un laberinto, una promesa.
*
Hoy las mujeres tomaron las calles
se pronunciaron temibles, llenas de furia,
por el derecho a decidir sobre sus propios cuerpos.
Son mujeres antorcha,
mujeres jabalina,
mujeres tanque bélico.
Mujeres flecha en el blanco
de la misoginia.
Si reclaman o maldicen
les salta el corazón a cada grito.
Son mujeres que cantan y alaban
su amazonía de tiempos míticos.
Por las anchas avenidas de Washington, L.A., Chicago,

Londres, Berlín, Ciudad de México,
las mujeres salieron en bandadas
como pájaros histéricos.
Sus pies calientes derriten la escarcha
Sus brazos amantes levantan dardos
Sus gritos y cantos estremecen de amor
al paisaje urbano.
"No quisiera estar en los zapatos
del hombre que hizo enojar
a todas estas mujeres", reza una pancarta.
Y ya lo creo, el macho agresor,
como el avestruz,
no halla hueco para esconder la cabeza.

Estas mujeres huelen a fuego,
a pólvora, a cemento.
Ellas pueden hacer que la tierra se detenga
o explote en llamas. Solo ellas
pueden acabar con la barbarie,
detener el ecocidio,
educar en el arte y la salud.
En sus vientres de lobas guardan gruñidos
contra el cambio climático
y en sus manos, la delicia original
de los frutos terrestres.

Matrilunar, femenino, hoy
un nuevo ciclo empieza.

EL BUITRE

A la memoria de Kevin Carter

Hay una fotografía terrible,
subversiva,
que muestra a una niña africana
en sus huesos,
vencida por el hambre,
a merced de un gran buitre
acechando su muerte.

Lágrimas sin razón desgarran
la ventura del tiempo.

¡Niña negra, niña negra!
Te come el hambre
en los campos áridos del Sudán,
en los barrios bajos de Lisboa,
en los guetos de Baltimore,
Medellín, Río de Janeiro.

¡Niña negra, niña negra!
Yo soy tú, somos tú,
la humanidad entera
muriendo amenazada
por el buitre gigantesco
de la ambición capital.

CORONA VIRAL

Sonó el chasquido de su voz como una guillotina sobre el
cielo nocturno de las urbes.
Campos y aldeas se estremecieron.
Creció su fantasma sobre los templos como incendio letal,
como una hecatombe de silencio y vacío.

Mi existencia incalculable en este tiempo y espacio
aquilata el riesgo de perderla o mantenerla.
No hay reparos ni impedimentos para la voluntad.
La bestia siempre se retuerce al interior
ansiosa por aflorar a la epidermis.
La muerte contempla y decide a través de su espejo
oscuro,
siempre soberana en la sombra,
acechando con su hálito caliente la carne sangrada.
Olor de Lysol y detritus visceral
la piel hecha pellejos
y el llanto silencioso de los hospitales.

Noche virulenta de distanciamientos y gritos aterrados,
Especulaciones   muerte   lágrimas.
¿Qué pasa cuando todos nos damos cuenta de lo que
pasa
y no decimos nada?
Impera una red siniestra de egoísmos engendrados.
El narcisismo de retar a la máscara,
en verdad, es hipocresía.

ESTAMPIDA DE PALABRAS

Las palabras se escapan de la boca
como regio soliloquio de fantasmas
y montan su propia escena.
Aleteos de pájaros evocan sus rumores.

Como chasquido de cielo,
un eco de címbalo
descendió a la tierra.
Nació la palabra
después del acto,
huérfana y desolada.
Su aliento vital,
impulso ligero al vaho salobre,
apacentaba su centro.

Deslumbrada por la luz, exhaló un gemido.
Luciérnagas titilaban en las venas
de la procesa en fuga.
Cayó en lengua empantanada,
inocente fatiga del sapo cantor.
Hasta que aprendió a ser
voz que germina,
que crece y vuela con el viento.
Palabras que zumban cuando pasan.

SINERGIA DE LAS VOCES QUE PASAN

Dejar el cuerpo como dejar la suerte y la ventura.

Ansias del alma por huir a su antigua morada
sin tiempo.

Saltar el día de hoy y el de mañana en la guerra sensorial
de este tiempo de sinergia nuestra,
lector.

Ah, heroicas batallas ganadas a la muerte.

ÍNDICE